풀수록 똑똑해지는

재미있는 수수께끼 200

신기한생각연구소 지음

바이킹

안녕, 친구들~!

언제 어디서나 하고 싶은 말을 술술 잘하고 싶나요? 어느 질문이든 척척 대답하고 싶나요? 수수께끼를 풀어 보세요! 창의력, 순발력, 국어 실력까지 키워 줄 거예요.

북은 북인데 때리면 안 되는 북은? 들어가는 구멍은 하나인데 나오는 구멍이 둘인 것은? 먹을 수도 없고 만질 수도 없는 파이는?

수수께끼는 이름의 유사성, 사물의 특징, 공통점과 차이점 등을 이용해 만들어요. 문제를 보면 정답이 바로 떠오를 수도 있고, 아무리 생각해도 답을 못 찾을 수도 있어요. 하지만 재미난 그림 힌트를 보면 정답을 쉽게 맞힐 수 있을 거예요.

자, 재미난 수수께끼 200문제에 도전해 보세요! 어휘력은 물론 생각하는 힘도 자랄 거예요. 풀수록 똑똑해지는 수수께끼 퀴즈 속으로 떠나요!

문제

문제를 차근차근 읽고 정답을 맞혀 보세요.
해당 문제의 정답은 다음 문제 아래쪽에 있
습니다. 헷갈리는 문제가 나오면 다른 문제
를 먼저 풀어도 좋아요. 행운을 빌어요!

위로 먹고 옆으로 내놓는 것은 무엇일
까요?

뼈가 없는 물고기는?

어디서
고소한 냄새가!

새는 새인데 날지 못하는 새는?

세상에서 가장 빠른 개는?

5

오리가 길을 가다가 넘어지면?

오리가 얼면 언덕!

4번 정답: 번개

풀 수는 있는데 다시 감을 수 없는 것은 무엇일까요?

에취!

7

태어나면서부터 늙은 꽃은?

7 **6번 정답 : 콧물**

7777 10

매일같이 칼을 맞아야 하는 것은?

문제 9

앞이나 뒤로는 못 가지만 사람이 많이 타는 것은 무엇일까요?

매일 바닷물에 머리를 감는 것은?

9번 정답 : 엘리베이터

닦으면 닦을수록 더러워지는 것은?

10번 정답: 미역

아무리 힘센 장사라도 무릎을 꿇어야
경기를 할 수 있어요. 무엇일까요?

♪천하장사
만만세~♬

13

손님이 깎아 달라는 대로 다 깎아 주는
사람은?

BTS처럼
깎아 주세요.

12번 정답: 씨름

손님을 뒤에 두고 자기 일만 하는 사람은 누구일까요?

어디로 갈까요?

다리를 꼼짝도 못하게 하는 것은?

14번 정답: 택시 기사

문제 16

목이 마를 때 콩에게 하는 말은?

콩!

나 물 줘!

그늘에 있으면 행복한 이유는?

'행복한'을 영어로 하면?

16번 정답 : 콩나물(콩! 나 물!)

문제 18

한 발은 붙이고 한 발만 움직이는 것은 무엇일까요?

문제 19

⭐⭐⭐

몸무게가 가장 많이 나갈 때는 언제일까요?

꽃을 다 주고
녀석 철들었네~

엄마, 아빠를
위한 꽃이에요.

세상에서 가장 추운 바다의 이름은?

21

보내기 싫으면 어떻게 하면 될까?

20번 정답: 썰렁해

24

22

꽃을 가꾸는 사람이 가장 싫어하는 도시 이름은?

사람들이 정말 어렵게 지은 절의 이름은 무엇일까요?

간장은 간장인데 사람이 먹을 수 없는 간장은?

얘가 왜 연락을
안 받지….

불은 불인데 꺼지지 않는 불은?

24번 정답:애간장

26

선물로 받아도 발로 뻥! 차 버리는 것
은 무엇일까요?

27

세상에서 가장 큰 콩은?

HONG KONG

26번 정답 : 축구공

28

한 사람만 들어가도 만원이 되는 곳은?

분명 사 왔는데 못 사 왔다고 하는 것은?

28번 정답:화장실

문제 30

내가 아니라 남이 먹어야만 고소한 탕은?

못됐어!

듣지는 못하는데 소리는 낼 수 있는 귀는 무엇일까요?

냄새가
지독하네.

푸시이익~

32

도로는 나 있지만 자동차가 달릴 수 없는 도로는?

보고 싶지만 자나 깨나 볼 수 없는 것은?

32번 정답: 지도

34

물을 주지 않아도 알아서 잘 자라는 것
은 무엇일까요?

눈으로 볼 수 없는데도 볼 수 있는 것은 무엇일까요?

34번 정답: 머리카락

★ ★ ★

펭귄이 다니는 대학교는?

35번 정답: 맛

37

진정한 문제투성이는?

36번 정답: 빙하시대

문제 38

알이 아닌데 알이라고 하는 것은?

39

★★★

세종대왕이 만든 죽은?

38번 정답: 밥알

42

아침마다 우리의 인사를 받는 것은 무엇일까요?

39번 정답 : 미음(ㅁ)

41

사람들이 싫어하는 색은?

싫어!

나도 싫어!

40번 정답 : 세면대

바람이 불면 안 움직이고 바람이 멈추어야 움직이는 것은?

매번 키를 재는 쌍둥이는?

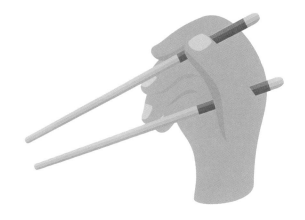

42번 정답: 부채

분명 내 것이긴 한데 남이 더 많이 쓰는 것은?

남의 이름을 항상 반대로 쓰는 사람은?

46

처음에는 작았는데 계속 커지는 것은
무엇일까요?

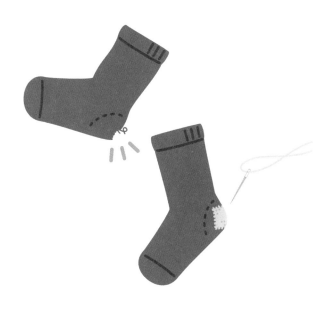

45번 정답: 도장장이

49

문제 47

귀는 귀인데 여기저기 돌아다니는 귀는 무엇일까요?

46번 정답 : 구멍

고양이를 하나도 무서워하지 않는 쥐
는 무엇일까요?

꼬꼬댁! 닭의 나이는?

48번 정답 : 박쥐

매일 고개를 숙이고 눈물을 흘리는 것은 무엇일까요?

흑흑…

51

입이 아닌 귀로 먹는 것은 무엇일까요?

바보~ 개똥이~

50번 정답 : 수도꼭지

문제 52

햇빛을 무서워하는 사람은?

51번 정답:욕

53

콩이 바쁘면 무엇이 될까요?

안녕! 강낭콩,
어디 가는 길이야?

바빠~친구가
싹이 났대!

52번 정답 : 눈사람

56

갯벌에 사는 개는?

문제 55

이것으로 앞을 가려야만 잘 보여요. 무엇일까요?

54번 정답: 조개

56

교실에서 숙제를 안 해도 혼나지 않는
사람은?

자, 오늘은….

망칠수록 돈을 버는 사람은?

56번 정답 : 선생님

딸기가 도망간 것을 세 글자로 줄여서
말하면?

노루가 다니는 길은?

58번 정답: 딸기쨈(쨈다: '도망가다'의 전라도 사투리)

문제 60

우리나라에서 바람이 가장 많이 부는 도시는?

무가 울면 뭐라고 할까요?

눈물이 ○○….

60번 정답:분당

62

자기가 가장 오래 산다고 주장하는 곤충은?

63

남의 눈을 보면서 사는 사람은?

62번 정답: 장수풍뎅이

다 자랐는데도 계속 자라라고 하는 것
은 무엇일까요?

어? 자라!

문제 65

아무리 가까워도 서로 못 보고 사는 것은 무엇일까요?

64번 정답 : 자라

글 중에서 가장 어지러운 글은?

깎으면 깎을수록 길어지는 것은?

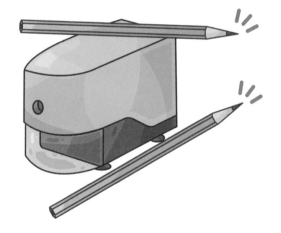

66번 정답: 빙글빙글

가로줄과 세로줄에서 싸우는 것은?

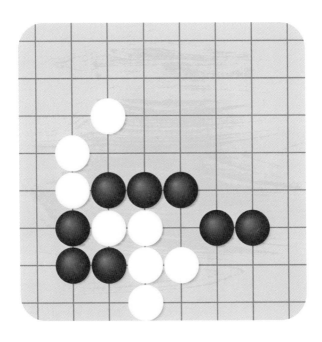

67번 정답: 연필심

71

물은 물인데 사람들이 좋아하는 물은?

68번 정답 : 바둑돌

세상에서 가장 급하게 만든 떡은?

늦었다!

71

공 중에서 사람들이 가장 좋아하는 공은 무엇일까요?

70번 정답 : 헐레벌떡

72

머리가 아플 때 쓰는 끈은?

똥이 있는 곳에 무조건 있는 새는?

72번 정답 : 지끈지끈

74

못사는 사람들을 환영하는 가게는?

75

밤마실 나온 도둑고양이에게 어울리는 금은?

74번 정답 : 철물점

76

조선 시대 왕 중에서 수학을 가장 잘했던 왕은?

75번 정답: 살금살금, 야금야금

79

쉴 새 없이 부딪혀도 소리가 나지 않는 것은?

깜박
깜박

76번 정답 : 연산군

78

사람이 사는 동안 가장 많이 내는 소리
는 무슨 소리일까요?

77번 정답: 눈꺼풀

81

먹을 수도 없고 만질 수도 없는 파이는?

운전하는 사람이 꼭 배워야 하는 춤은?

문제

81

아이들이 제일 좋아하는 감은?

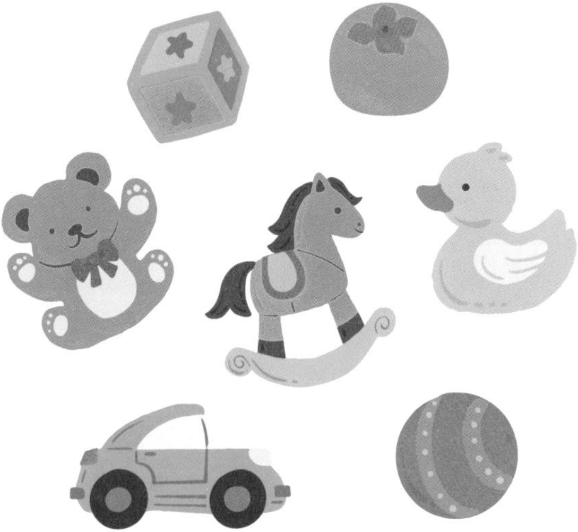

80번 정답:우선 멈춤

82

손님이 오지 않을수록 좋은 집은?

81번 정답:장난감

85

고래 두 마리가 서로 소리 지를 때 내는 소리는?

82번 정답: 감옥

강은 강인데 사람이 먹을 수 있는 강은?

김치에도 들어가요!

싸우려면 먼저 뭉쳐야 할 수 있는 싸움은?

84번 정답 : 생강

깨뜨려야 쓸 수 있는 것은?

가운데 큰 구멍이 나도 가라앉지 않는 것은?

문제 88

앞으로 가지 않고 빙글빙글 돌기만 하는 차는?

87번 정답 : 튜브

달이 뿡~ 하고 뀌는 방구는?

88번 정답 : 풍차

세상에서 가장 지루한 중학교는?

91

한여름에 생선 장수들이 많이 하는 사냥은?

90번 정답: 로딩중

문제

92

달리기를 해야 하늘을 날 수 있는 것은?

91번 정답:파리 사냥

물은 물인데 사람들이 무서워하는 물은 무엇일까요?

92번 정답: 비행기

거꾸로 들어도, 좌우를 바꿔 들어도 잘
만 보이는 것은?

네 발이 있는데도 걷지 못하는 것은?

94번 정답: 거울

노란색 옷을 입어도, 빨간색 옷을 입어
도 검게만 보이는 것은?

들어가는 구멍은 하나인데 나오는 구멍이 둘인 것은?

96번 정답: 그림자

모든 사람들을 일어나게 하는 숫자는
몇일까요?

하나!　　둘!　　셋!　　넷!　　다~ 섯!

아부를 잘하는 사람들이 모시는 신의 이름은 무엇일까요?

어릴 때는 안 울다가 다 커서 우는 것은 무엇일까요?

101

왕이 타고 다니는 차는 무엇일까요?

여왕이 타는 차는
퀸카~

100번 정답 : 개구리

104

많이 터지면 터질수록 좋은 것은?

103

잘못한 사람들이 열고 들어가야 하는
문은?

102번 정답: 복

용 중에서 소리를 낼 수 없는 용은?

푸우가 넘어지는 무술은 무엇일까요?

104번 정답: 조용

두드려 맞아도 기분 좋은 것은 무엇일까요?

105번 정답: 쿵푸

세상에서 힘이 가장 센 오리는?

우리 말고
다른 오리를~
찾아보세요!

106번 정답: 안마

세상에서 가장 무서운 비는?

사람 얼굴에 있는 꼬리는?

웃을 때 ○○○가
올라가지!

108번 정답 : 낭비

문제 110

세상에서 가장 향기로운 발은 무엇일까요?

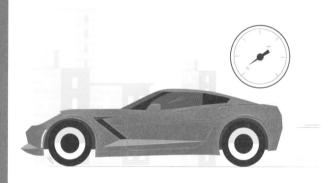

111

빠르게 달리던 차가 멈추면 확 떨어지는 것은?

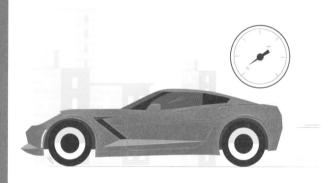

개는 개인데 매일 누워서 일하는 개는?

도둑이 가장 싫어하는 과자는?

112번 정답: 베개

공이 웃으면?

바람이 불면 춤추는 발은 무엇일까요?

114번 정답:풋볼

116

이쪽저쪽으로 튀어 난감한 똥을 무엇이라고 할까요?

아무리 마셔도 배부르지 않은 것은?

흐-읍~

116번 정답 : 불똥

도둑이 훔친 돈을 무엇이라고 할까요?

117번 정답: 공기

121

'바늘만 가지고 다니는 사람'을 다섯 글자로 줄여서 말하면?

118번 정답 : 슬그머니(money)

문제
120

돈 주고 샀지만 물에 적셔야 쓸모 있는
옷은 무엇일까요?

문제 121

뒤로 밥을 먹고 앞으로 토하는 것은?

120번 정답: 수영복

때리는 일이 직업인 것은?

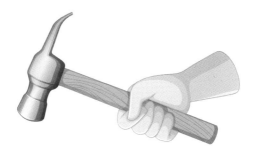

말하지 않고 가르치기만 하는 것은?

122번 정답: 망치

124

매일 학교에 가지만 공부는 안 하고 돌아오는 것은?

난 숙제했다~

나도 했어!

먹으나 안 먹으나 항상 배불러 있는 것
은?

124번 정답: 책가방

물을 맞으면 빙글빙글 도는 것은 무엇일까요?

밟으면 밟을수록 잘 달리는 것은?

126번 정답 : 물레방아

문제 128

아무리 눕혀도 다시 일어나는 것은?

문제 129

어른은 탈 수 없고 아이만 탈 수 있는
차는?

128번 정답: 오뚝이

130

바닷가에서 쇠가 녹이 잘 스는 이유는?

129번 정답: 유아차

133

너무 재미있어서 웃음이 많이 나오는 병은 무엇일까요?

너무 웃어서
배가 아파!

130번 정답 : 바닷물이 철썩이니까

132

공중에 그물을 쳐 놓고 하루 종일 놀고
먹는 것은?

할머니가 가장 좋아하는 과일은?

134

커피 마시는 소를 무엇이라고 할까요?

고양이를 아주 미워하는 동물은?

134번 정답 : 에스프레소

문제 136

전 세계 어디를 가나 네 개밖에 없는 것은?

여름에는 들어가지만 겨울에는 안 들어가는 곳은?

136번 정답 : 동서남북

시력이 아무리 좋아도 눈 뜨고는 못 보는 것은?

139

나무 아래에서 삿갓을 쓰고 서 있는 것
은 무엇일까요?

138번 정답 : 꿈

산타 할아버지가 싫어하는 면은 무엇일까요?

산타 할아버지는 우는 애들에겐 선물을 안 주신대~♪

139번 정답: 버섯

산에 숨어서 남의 흉내만 내는 것은?

머리로 들어가서 입으로 나오는 것은
무엇일까요?

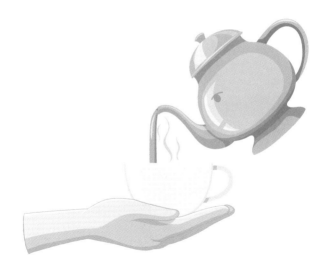

141번 정답: 메아리

145

143

더울수록 올라가는 것은?

144

해가 떠 있는 낮에도 밤이라고 하는 것은?

정삼각형의 동생은?

144번 정답 : 밤

나무를 먹으면 살지만 물을 먹으면 죽는 것은?

147

날아다니는 꼬리를 무엇이라고 할까
요?

목소리가 고운 사람을
뭐라고 하게~?

146번 정답 : 볼

아무리 비를 맞아도 꺼지지 않는 불은?

오래된 것일수록 젊어 보이는 것은?

148번 정답 : 반딧불

왼쪽으로 절하는 것을 무엇이라고 할까요?

문제 151

자기 전에 꼭 해야 하는 일은?

152

조금만 나와도 쑥 나왔다고 하는 것은?

전도 해 먹고~
국도 해 먹고~

세상에서 가장 빠른 닭은?

152번 정답: 쑥

154

많이 가질수록 괴로운 것은?

★★★

바다에서 태어났지만 물에 들어가면 죽는 것은?

154번 정답: 병

문제 156

쓰면 쓸수록 좋아지는 것은?

날개가 없어도 잘 날아가는 것은?

156번 정답 : 머리

158

세상에서 가장 차가운 자동차는?

157번 정답: 연기

161

결혼을 하면 생기는 돈은?

축 결혼

박정근, 김수연의 장남   정용일, 이미영의 장녀
박정후   정지수

158번 정답 : 알래스카(car)

제자리에 꼿꼿이 서서 눈물만 흘리는 것은?

히잉~

매일 무게 잡는 사람은?

160번 정답: 초

머리에 항상 지게를 이고 다니는 동물
은 무엇일까요?

161번 정답: 역도 선수

사람들이 맞고 싶어 하는 벼락은?

162번 정답: 사슴

소리도 나고 느껴지는데 볼 수 없는 것은 무엇일까요?

계속 자랄수록 땅과 가까워지는 것은?

164번 정답: 바람

물건을 사야 받을 수 있는 돈은 무엇일
까요?

167

화가 난 사람이 쓰는 글은?

166번 정답 : 거스름돈

170

화장실을 다녀온 원숭이를 다섯 글자
로 줄여서 말하면?

뿌직!

167번 정답 : 부글부글

171

방귀를 뽕뽕 잘 뀌는 나무는?

뽕

뽕

뿌웅~

168번 정답 : 일본원숭이

172

170

낮에는 나타났다가 밤에는 사라지는
것은?

물에 뜨는 달은?

달이 뭐예요?

달이요…?

문은 문인데 닫지 못하는 문은 무엇일까요?

사실은 말야…

173

물은 물인데 마시지 않고 씹어 먹어야
하는 물은?

172번 정답: 소문

늘 긍정적인 동물은?

돼지야, 밥 좀
나눠 줄 수 있어?

그럼~ 되지!

건망증이 있는 사람들이 자주 가는 산은?

174번 정답 : 돼지

176

칠판이 웃으면 뭐가 될까요?

칠판은
영어로 보드~

175번 정답:아차산

179

감은 감인데 불에 잘 타는 감은 무엇일까요?

176번 정답 : 킥보드

파리가 네 마리 모여 있는 곳은?

177번 정답: 땔감

눈은 세 개, 다리는 한 개인 것은?

178번 정답: 사파리

들어갈 때는 검은 얼굴이지만 나올 때
흰 얼굴인 것은?

179번 정답: 신호등

183

뒤로 가면 이기고 앞으로 가면 지는 놀이는?

180번 정답 : 연탄

문제 182

칼이나 가위로 절대 자를 수 없는 것은 무엇일까요?

181번 정답 : 줄다리기

문제 183

마귀가 넷이면?

으어…

저는 왜…?

음하하

182번 정답 : 물

농촌에서 봄마다 하는 내기는?

모를 잘 심어야
벼가 잘 자라지~

문제

185

맛있는 것을 줄수록 아픈 것은?

184번 정답 : 모내기

언제나 말다툼이 있는 곳은?

학교 갈 때 매일 챙겨야 하는 물은?

186번 정답 : 경마장

문제 188

칼은 칼인데 물건을 자를 수 없는 칼은
무엇일까요?

힌트는 머리에!

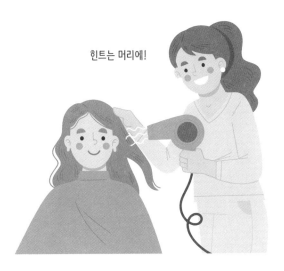

187번 정답: 준비물

작을 때도 크다고만 하는 나무는?

188번 정답 : 머리칼(머리카락)

밤마다 바다에 윙크하는 것은 무엇일까요?

온 세상을 쉽게 내다볼 수 있는 문은?

190번 정답: 등대

모든 사람들이 다 가지고 있는 멍은?

차도가 없는 나라는?

옆 길은 차도,
이 길은?

192번 정답: 콧구멍, 귓구멍…

194

오르지는 못하지만 한 손으로 들 수 있는 산은?

이 산 저 산은 다 가 봤지만….

사막에서도 할 수 있는 물놀이는?

쾌지나 칭칭 나네~

194번 정답 : 우산

196

머리 감을 때 가장 먼저 감아야 하는
것은 무엇일까요?

눈이 따갑지
않으려면!

195번 정답 : 사물놀이

계속 먹으면 죽지만 안 먹을 수 없는 것은?

생일 축하해!

196번 정답 : 눈

추우면 보이지만 더우면 보이지 않는
김은?

197번 정답 : 나이

201

네 쌍둥이가 모두 모여야 할 수 있는
놀이는?

198번 정답 : 입김

북은 북인데 때리면 안 되는 북은?

몇 문제나 맞혔나요?!

200문제나 풀다니 정말 멋진걸요? 몇 문제 맞혔는지 개수를 세어 보세요. 적게 맞혔어도 괜찮아요! 중요한 건 정답을 맞히기 위해 떠올렸던 생각들이에요. 그림을 보고 유추하거나 상상하는 동안 창의력이 쑥쑥 자라기 때문이지요. 수수께끼를 풀며 즐거운 시간 보냈기를 바랍니다. 안녕! 다음에 또 만나요!

맞힌 개수를
적어 보세요!

7개

1~100개

수수께끼 문제 좀 풀어 봤군요! 어떤 수수께끼가 제일 재밌었나요? 열심히 풀어 준 여러분을 '수수께끼 탐험가'로 인정합니다!

수수께끼 탐험가

101~200개

우와! 창의력이 대단한 친구인걸요! 여러분이 바로 '수수께끼 마스터'예요! 수수께끼의 세계는 무궁무진해요. 직접 수수께끼를 만들어 가족, 친구에게 문제를 내 보세요!

수수께끼 마스터

아쉽다 아쉬워! ★★★
마무리 퀴즈

1 물이 없어도 신나고 재미있는 바다는?

2 소가 웃는 소리는?

3 타면 탈수록 더 떨리는 것은?

4 언제나 잘못을 비는 나무는?

5 심을 수 없는 씨는?

6 하루 종일 수영해도 춥지 않은 것은?

7 말은 말인데 타지 못하는 말은?

8 모자를 벗으면 일하고, 쓰면 노는 것은?

9 문제가 없으면 나도 없다고 하는 것은?

10 눈사람의 반대말은?

1. 웃음바다 2. 우하하 3. 추위 4. 사과나무 5. 아저씨 6. 물고기
7. 거짓말 8. 만년필 9. 정답 10. 일어선 사람

풀수록 똑똑해지는

1판 1쇄 펴낸 날 2024년 12월 5일

지은이 신기한생각연구소
주간 안채원
책임편집 채선희
편집 윤대호, 윤성하, 장서진
디자인 김수인, 이예은
마케팅 함정윤, 김희진

펴낸이 박윤태
펴낸곳 보누스
등록 2001년 8월 17일 제313-2002-179호
주소 서울시 마포구 동교로12안길 31 보누스 4층
전화 02-333-3114 **팩스** 02-3143-3254 **이메일** viking@bonusbook.co.kr
블로그 http://blog.naver.com/vikingbook **인스타그램** @viking_kidbooks

ISBN 978-89-6494-725-8 72030

바이킹은 보누스출판사의 어린이책 브랜드입니다.

• 책값은 뒤표지에 있습니다.